La pandilla vuelve

vuelve

1

Cuaderno de ejercicios

María Luisa Hortelano

Elena G. Hortelano

Usa este código para acceder al
LIBRO DIGITAL
y al
BANCO DE RECURSOS
disponibles en

Ẽ digital
LE

www.anayaeledigital.es

edelsa

	LÉXICO	COMUNICACIÓN FUNCIONES	LETRAS SONIDOS
1 ¡Hola, amigos! Pág. 4	• El nombre de los amigos • Los saludos y las despedidas • Números de 1 a 10 • El abecedario	• Saludar y despedirme • Preguntar y decir el nombre • Presentar a alguien • Preguntar y decir la edad • Afirmar y negar • Deletrear, decir cómo se escribe	¡! ¿? ñ h muda r fuerte j La tilde
2 Mi familia y mi mascota Pág. 16	• La familia • Los colores • Números de 11 a 15 • Las mascotas • Los animales de granja • Los días de la semana	• Presentar a mi familia • Pedir y dar información sobre la familia • Preguntar y decir el color (1) • Hablar de mascotas • Expresar cantidad • Preguntar y decir el día de la semana	La u muda Repaso: ¡! ¿? h muda, ñ, j, r La tilde
3 Mi colegio Pág. 28	• Las cosas de clase • Más colores • Números de 16 a 20	• Hablar de las cosas del colegio • Pedir algo a tu compañero/a • Preguntar y decir el color (2) • Expresar cantidad • Preguntar y decir qué hay • Preguntar y decir dónde está algo	Repaso: ¡! ¿? ñ, h, r, j, u muda La tilde
4 Mis juguetes Pág. 40	• El dormitorio • Los juguetes • Los meses del año • Números de 20 a 39 • El tiempo libre • Los instrumentos musicales	• Hablar de los juguetes • Preguntar y decir la fecha • Preguntar y decir el cumpleaños • Felicitar • Expresar qué me gusta hacer • Expresar qué sé hacer	La u muda: gue-gui-que-qui Repaso: ¡! ¿? ñ, h, r, j La tilde
5 El cuerpo Pág. 52	• Las partes del cuerpo • El pelo • Números de 40 a 99 • La hora • Las partes del día	• Preguntar y decir cómo es alguien • Decir cómo soy yo • Describir el físico y el carácter • Preguntar y decir la hora • Expresar cantidad • Saludar según el momento del día	z/c za-zo-zu/ce-ci Repaso: ¡! ¿? ñ, h, r, j, u muda
6 Mi ropa Pág. 64	• La ropa • Palabras para describir la ropa	• Hablar de la ropa que me gusta • Expresar qué ropa llevo • Expresar qué me pongo según el tiempo • Describir la ropa • Expresar posesión	ca-co-cu/que-qui ga-go-gu/gue-gui Repaso: ¡! ¿? ñ, h, r, j, u muda, z/c

GRAMÁTICA	ESCRITURA	CULTURA	REPASO
• Pronombres de sujeto: *yo, tú, él, ella* • Verbo *ser* (singular) • Verbo *llamarse* (singular) • Verbo *tener* (singular) • *Este/esta* • *¿Cómo...?, ¿Cuántos...?*	Escribo para presentarme.	• EL ESPAÑOL EN EL MUNDO: Países que hablan español	Presentarse y presentar Verbos *ser, llamarse* y *tener* Números Edad
• *El, la, los, las* • *Un, una* • *Este, esta* • *Mi, tu, su* • Plural: *-s/-es* • *¿Cuál...?, ¿Cuántos/as...?* • *¿Quién...?*	Escribo para presentar a mi familia.	• ESPAÑA: Madrid, Europa, la guitarra, el flamenco, las Fallas, la paella, la tortilla de patatas, el aceite...	La familia Las mascotas Animales de granja Los colores Más números
• *Un, una, unos, unas* • Verbo *estar* (singular) • *Encima, debajo, al lado, dentro, en* • *Hay* • *¿Dónde...?, ¿Qué...?* • *¿Cuántos/as...?*	Escribo sobre mi colegio.	• MÉXICO: Ciudad de México, América del Norte, los mariachis, la fiesta del Día de Muertos, Frida Kahlo, el guacamole, los tacos, el sombrero mexicano...	Más colores El colegio Dónde está Más números
• *Está, están* • Plural: *-s/-es* • *El, la, los, las* • Verbo *gustar* (singular) • Verbo *saber* (singular) • *¿Qué...?*	Escribo sobre mi habitación, mis juguetes y mi tiempo libre.	• CUBA: La Habana, el Caribe, la escuela, los coches antiguos y las casas de colores, la salsa, las maracas, las playas y la palma real, el mango, la piña y la chirimoya...	Mi habitación Mis juguetes Los meses Más números El cumpleaños Tiempo libre Verbos *gustar* y *saber*
• *El, la, los, las* • Verbo *ser* (singular) • Verbo *tener* (singular) • *¿Cómo...?* • *¿Cuántos/as...?* • *¿Qué...?*	Describo mi físico y mi carácter.	• CHILE: Santiago de Chile, América del Sur, la Laguna Verde, el desierto de Atacama, la Isla de Pascua, el volcán Osorno, la isla de Chiloé, las empanadas...	El cuerpo Descripción física y de carácter Más números La hora
• *Un, una, unos, unas* • Verbo *llevar* (singular) • Verbo *ponerse* (singular) • Demostrativos de cercanía • Posesivos • *¿Quién...?*	Escribo sobre mi ropa preferida y lo que llevo hoy.	• BOLIVIA: La Paz, Sucre, América del Sur, el lago Titicaca, el chullo, el sombrero de hongo, el Salar de Uyuni, las llamas, la Laguna Colorada, el silpancho...	Ropa de verano Ropa de invierno Describir ropa Verbos *llevar* y *ponerse* Posesivos

¡¿Cómo te llamas?

1. ✏️ **Lee y une.**

a.

b.

Yo soy Ana.
Yo soy Chema.
Yo soy Julia.
Yo soy Rubén.
Yo soy Elena.

c.

d.

e.

2. ✏️ **Escribe tu nombre y dibújate.**

Hola. Yo soy ....

3. ✏️ **Elige y completa.**

Él es... ● Ella es...

a. ....

b. ....

c. ....

d. ....

e. ....

La estrella eres tú

4. 🖉 **Pregunta y escribe el nombre de tus compañeros/as.**

Chicos	Chicas
....	....
....	....
....	....

5. 🖉 **Completa con el verbo *ser*.**

Yo soy ● Tú eres ● Él es ● Ella es

a. .... Rubén.

b. .... Chema.

c. .... Chema.

d. .... Ana.

6. 🖉 **Ahora, completa con el verbo *llamarse*.**

Yo me llamo ● Tú te llamas ● Él se llama ● Ella se llama

a. .... Chema.

b. .... Ana.

c. .... Chema.

d. .... Elena.

¡Buenos días!

1. ✏️ **Observa y completa.**

¡Hola! ● ¡Hasta luego! ● ¡Adiós! ● ¡Buenos días!

....

....

2. ✏️ **Observa, completa y escribe el nombre.**

Este es... ● Esta es...

a.
....
....

b.
....
....

c.
....
....

d.
....
....

e.
....
....

3. ✏️ **Escribe frases con un elemento de cada columna.**

a. ....

b. ....

c. ....

d. ....

Yo	te	Elena.
¿Cómo	soy	llamas?
Este	días,	niños.
Buenos	es	Rubén.

¿Jugamos?

4. Observa las imágenes y contesta.

Sí, es... ● No, es...

¿Es Rubén?

....

¿Es Julia?

....

¿Es Chema?

....

¿Es Ana?

....

¿Es Elena?

....

5. Completa con *¿Eres...?*

¿..................................?

¡Sí!

¿..................................?

¡No, soy Chema!

Actividad complementaria 2

¿Cuántos años tienes?

1. ✏️ **Une con flechas de colores.**

cero
uno
dos
tres
cuatro
cinco
seis
siete
ocho
nueve
diez

1   8   0   10   6   4   2   3   7   5   9

2. ✏️ **Cuenta las estrellas y escribe el número.**

a. .... uno ....

b. ....

c. ....

d. ....

e. ....

f. ....

g. ....

h. ....

3. ✏️ **Dictado de números.**

a.

b.

Yo tengo 8 años

4. 🖊 **Observa y completa.**

Yo tengo ocho años. ● ¿Cuántos años tienes?

....
....

....
....

5. 🖊 **Lee y responde.**

a.

¿Cuántos años tiene Julia?

Julia .... años.

b.

¿Cuántos años tiene Rubén?

....

c.

¿Cuántos años tiene Ana?

....

6. 🖊 **Lee y completa.**

Yo tengo ● Tú tienes ● Él tiene ● Ella tiene

a.

....
7 años.

....
8 años.

c

....
8 años.

d.

b.

....
9 años.

El abecedario

1. ✏️ **Lee el nombre de las letras y escribe las palabras.**

a. a - ene - a: ....

b. hache - o - ele - a: ....

c. ese - i - e - te - e: ....

2. 🎧 1 **Escucha, escribe y dibuja.**

a.

l - u - n - a   luna
....

b.

....

c.

....

d.

....

3. 🎧 2 **Escucha y escribe los números.**

a. ....

b. ....

c. ....

d. ....

e. ....

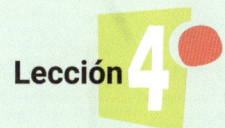

¿Cómo se escribe?

4. Observa y escribe.

a. **Burro** empieza por ......be....

b. **Casa** empieza por ....

c. **Vaca** empieza por ....

d. **Lápiz** empieza por ....

e. **Jirafa** empieza por ....

f. **Silla** empieza por ....

g. **Huevo** empieza por ....

h. **Gato** empieza por ....

5. Dibújate, escribe tu nombre y deletréalo.

Nombre: ....

Deletreo: ....

6. Dibuja a tu compañero/a, escribe su nombre y deletréalo.

Nombre: ....

Deletreo: ....

YO ESCRIBO EN ESPAÑOL

1. 🖊 **Lee, escribe tu texto y dibuja o pega una foto.**

¡Hola! ¡Buenos días! ¿Cómo estás?
Yo me llamo Candela.
Mi nombre empieza por ce y
tiene siete letras: ce, a, ene, de,
e, ele, a. Tengo ocho años.

AHORA TÚ

PAÍSES QUE HABLAN ESPAÑOL

1. Escribe el nombre de estos países en el mapa.

España ● México ● Cuba ● Colombia ● Perú ● Chile
Argentina ● Venezuela ● Bolivia ● Guinea Ecuatorial

2. Ahora, colorea todos los países donde se habla español.

REPASO

1. 🎧 **3** **Escucha y dibuja las velas en las tartas.**

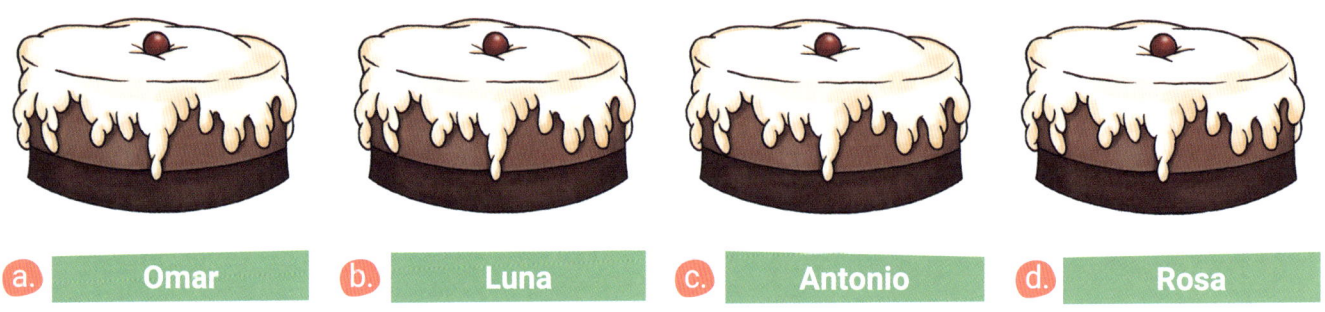

a. Omar **b.** Luna **c.** Antonio **d.** Rosa

2. ✏️ **Escribe frases con un elemento de cada columna.**

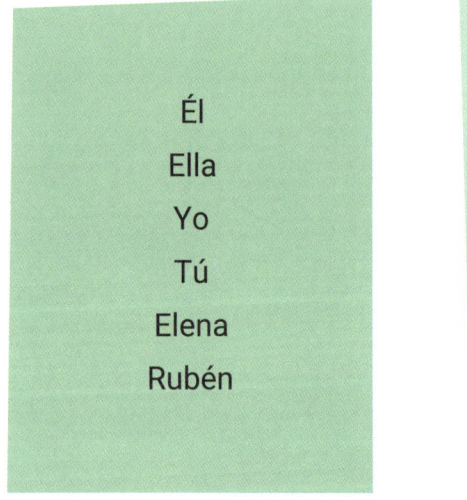

Él	soy	Ana.
Ella	eres	Julia.
Yo	es	Rubén.
Tú	me llamo	Chema.
Elena	te llamas	Elena.
Rubén	se llama	8 años.
	tengo	9 años.
	tienes	7 años.
	tiene	

a. ....

b. ....

c. ....

d. ....

e. ....

f. ....

3. Escribe con letra.

a. 0 ....

b. 1 ....

c. 2 ....

d. 3 ....

e. 4 ....

f. 5 ....

g. 6 ....

h. 7 ....

i. 8 ....

j. 9 ....

k. 10 ....

4. Pregunta a tus compañeros/as, completa y escribe.

	¿Cómo te llamas? Nombre	¿Cuántos años tienes? Edad
a.		
b.		
c.		
d.		
e.		
f.		

a. .... tiene .... años.

b. .... tiene .... años.

c. .... tiene .... años.

d. .... tiene .... años.

e. .... tiene .... años.

f. .... tiene .... años.

Actividad complementaria 5

La familia de Rubén

1. Completa con estas palabras.

abuelo ● padre ● abuela ● hermano ● madre ● hermana

el	**la**
....	....
....	....
....	....

2. Observa y escribe.

RUBÉN

La hermana de Rubén.

Otras familias

 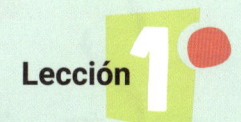

3. ✏ **Observa y escribe.**

a. Roe y su ....

b. Roe y su ....

c. ....

d. ....

....

e. ....

....

4. ✏ **Observa y completa.**

ROE

el ● la ● los ● las ● Su ● Sus

a.

Son .... hermanos de Roe. .... hermanos.

b.

Es .... padre de Roe. .... padre.

c.

Son .... hermanas de Roe. .... hermanas.

d.

Es .... madre de Roe. .... madre.

e.

Son .... abuelos de Roe. .... abuelos.

Actividad complementaria 6

Mi color favorito

1. Lee y colorea las palabras.

MARRÓN

NEGRO

ROJO

AMARILLO

VERDE

AZUL

BLANCO

2. Observa y colorea.

a.
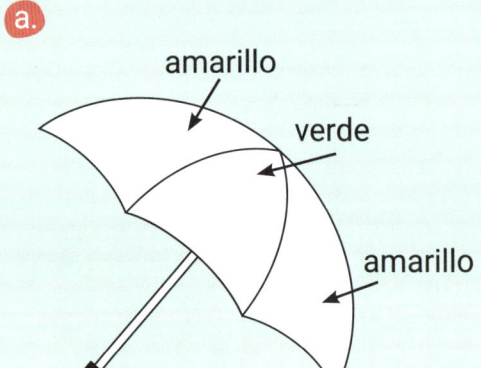
amarillo
verde
amarillo

b.
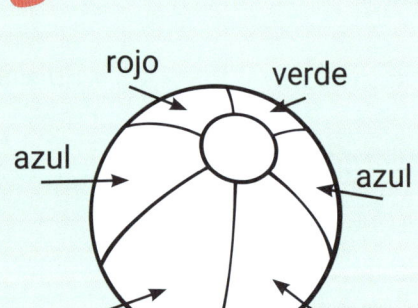
rojo
verde
azul
azul
verde
rojo

c.
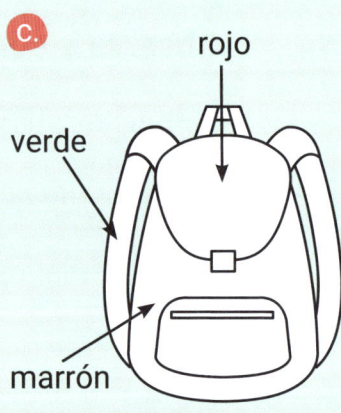
rojo
verde
marrón

3. Escribe estos números con letra.

11 .... 12 .... 13 .... 14 .... 15 ....

4. Dictado de números.

a.

b.

Mi mascota

 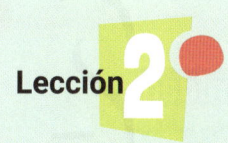

5. Colorea y completa.

a.

Este es el perro de Ana.

Se llama ....

Es ....

Tiene .... años.

b.

Este es el pájaro de Elena.

Se llama ....

Es de color ....

c.

Esta es la tortuga de Julia.

Se llama ....

Es marrón y ....

6. Lee y marca verdadero (V) o falso (F).

	V	F
a. La tortuga de Julia se llama Zoa.	○	○
b. El perro de Ana es blanco y negro.	○	○
c. Pancha es una tortuga verde y marrón.	○	○
d. El ratón de Chema se llama Cito.	○	○
e. Zoa tiene tres años.	○	○

7. Observa y completa con *un* o *una*.

a.

.... ratón

b.

.... perro

c.

.... pájaro

d.

.... tortuga

e.

.... gata

Unidad 2

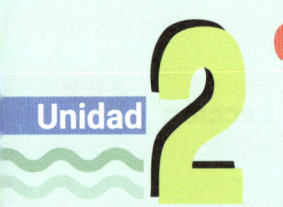

Animales de granja

1. Lee y une con flechas de colores.

a.

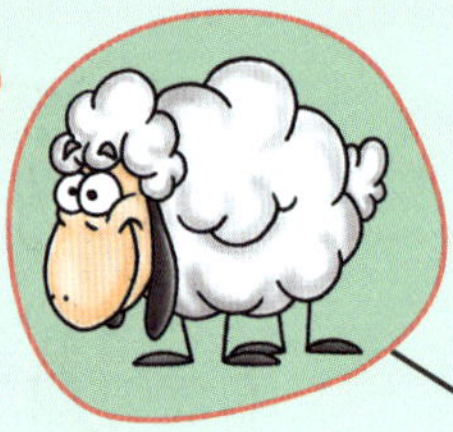

b.

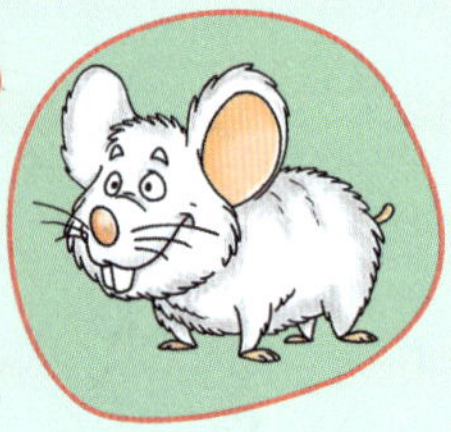

c.

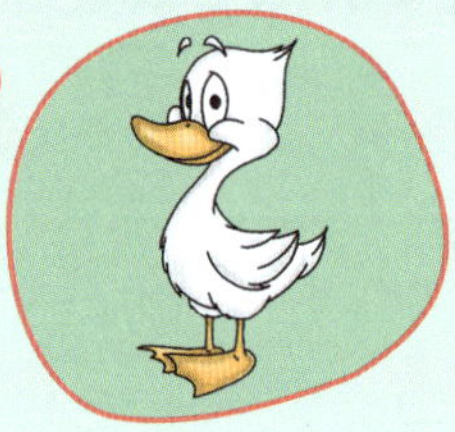

d.

e.

f.

g.

h.

i.

j.

k.

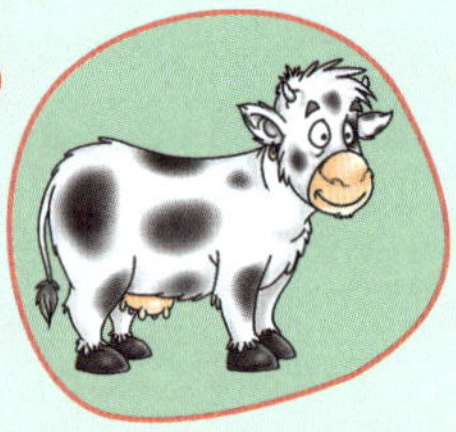

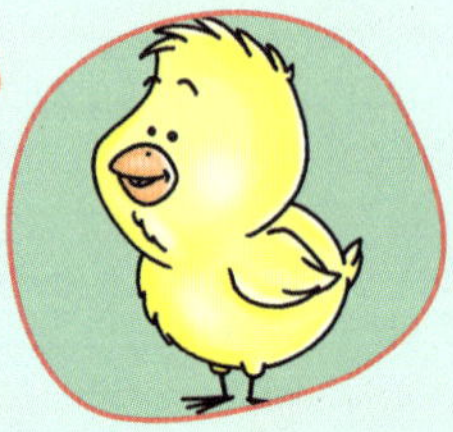

l.

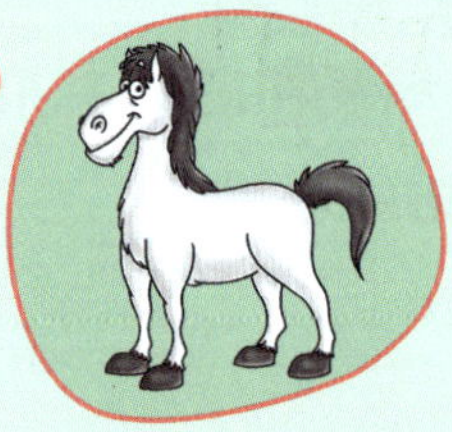

una oveja

un pato

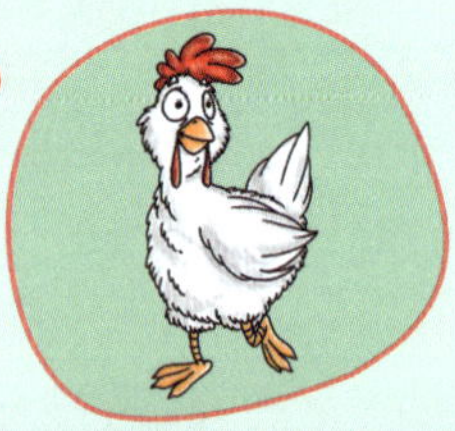

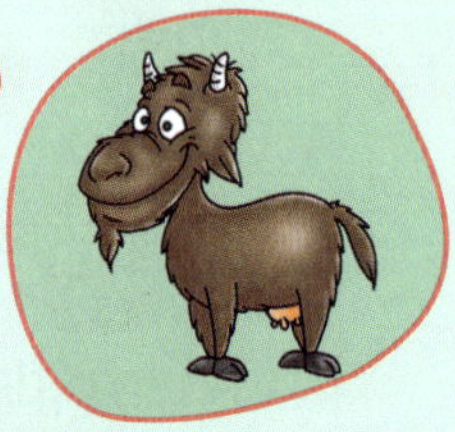

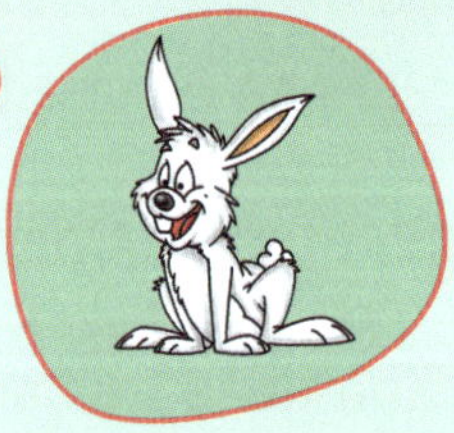

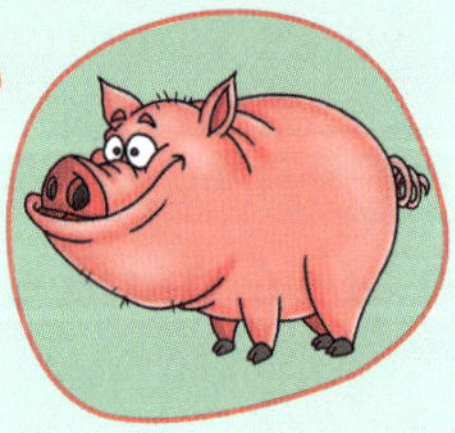

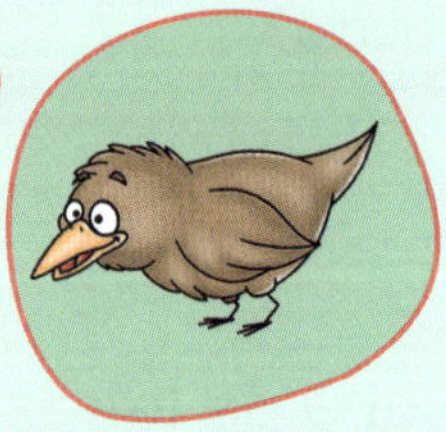

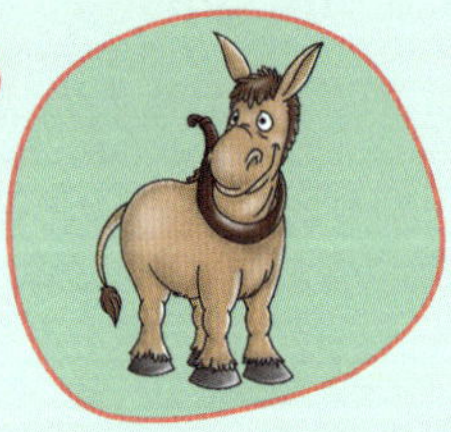

un pollito

una vaca

un hámster

una gallina

un pájaro

un caballo

un burro

un cerdo

una cabra

un conejo

2. Completa con estas palabras.

oveja • caballo • cabra • burro • pato • gallina • vaca • ratón

un	una
....	....
....	....
....	....
....	....

El *rock* de la ovejita

 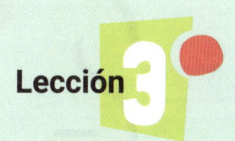

3. Observa y contesta a estas preguntas.

¿Es un pájaro?

a. ....

¿Es un conejo?

b. ....

¿Es una cabra?

c. ....

¿Es una vaca?

d. ....

¿Es un burro?

e. ....

¿Es una gallina?

f. ....

4. Busca los días de la semana en la sopa de letras y escríbelos.

M	A	R	T	E	S	Y	P
I	L	N	R	O	B	W	Y
E	Y	V	J	I	Q	F	D
R	G	I	U	C	X	E	O
C	Z	E	E	Y	Y	Y	M
O	Y	R	V	H	J	D	I
L	U	N	E	S	O	F	N
E	T	E	S	Y	Q	R	G
S	Y	S	A	B	A	D	O

L ....

M ....

M ....

J ....

V ....

S ....

D ....

Actividad complementaria 8

El abuelo Juan

1. ✏ **Observa y escribe el plural.**

a. .... un perro .... b. dos .... c. .... un ratón .... d. dos ....

2. 🎧 4 **Escucha y une con flechas de colores.**

Carlos

María

Daniel

Rosa

Pablo

a.

b.

c.

d.

e.

3. ✏ **Ahora, escribe frases.**

a. Carlos ...... tiene dos peces. ....

b. María ....

c. Daniel ....

d. Rosa ....

e. Pablo ....

¿Cuántas vacas?

4. Observa la página 22 del libro, completa y contesta.

Cuántos ● Cuántas

a. ¿....Cuántas.................... vacas tiene el abuelo Juan? ....Tiene dos vacas..................

b. ¿............................ cerdos tiene el abuelo Juan? ....

c. ¿............................ gallinas tiene el abuelo Juan? ....

d. ¿............................ ovejas tiene el abuelo Juan? ....

e. ¿............................ patos tiene el abuelo Juan? ....

5. Escribe frases con un elemento de cada columna.

El La	perro gato vaca oveja pato cerdo	dice	¡muuuuu! ¡guau! ¡oink! ¡cua! ¡miauuu! ¡beeee!

a. ....

b. ....

c. ....

d. ....

e. ....

f. ....

YO ESCRIBO EN ESPAÑOL

1. ✎ **Lee, escribe tu texto y dibuja o pega una foto.**

Mi madre se llama Maite y mi padre se llama Jaime. Tengo una hermana y un hermano. Mi hermana se llama Pepa y mi hermano, Luis. Mi color favorito es el azul. No tengo mascota.

AHORA TÚ

PAÍSES QUE HABLAN ESPAÑOL

ESPAÑA

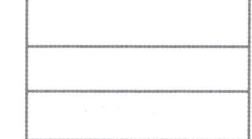

1. ✏️ **Completa y colorea la bandera.**

Europa ● Madrid ● España ● roja ● amarilla

........España........ está en ....

La capital de .... es ....

La bandera de España es

.... y ....

2. 🎧 5 **Escucha música de España.**

3. ✏️ **Escribe el nombre de las imágenes.**

La paella ● La guitarra española ● El flamenco ● La tortilla de patatas
El Ratón Pérez ● El aceite de oliva

1. 🎧 6 **Escucha y escribe la letra.**

2. 🎧 7 **Escucha y escribe.**

	Nombre	Edad	Hermanos	Hermanas
a.				
b.				
c.				
d.				

3. 🖊 **Haz una entrevista a tus compañeros/as.**

a. ¿Cómo te llamas?

b. ¿Cuántos años tienes?

c. ¿Cómo se llama tu madre?

d. ¿Cómo se llama tu padre?

e. ¿Cuántos hermanos/as tienes?

f. ¿Tienes mascota?

Nombre	Edad	Madre	Padre	Hermanos/as	Mascota

4. 🖊 **Lee y completa.**

el • la • los • las

a. .... vaca   b. .... pollitos   c. .... cerdo   d. .... gallinas

5. 🖉 **Lee y contesta.**

> Yo soy Julia. Tengo 9 años. Esta es mi familia: mi madre se llama Eva y mi padre se llama Fernando. Mi hermano se llama Ramón y tiene quince años. Mi abuelo se llama Juan y tiene una granja. Mi mascota es una tortuga marrón y verde que se llama Pancha.

a. ¿Cómo se llama la madre de Julia?

....

b. ¿Cómo se llama el padre de Julia?

....

c. ¿Cuántos años tiene el hermano de Julia?

....

d. ¿Qué tiene el abuelo de Julia?

....

e. ¿Qué mascota tiene Julia?

....

6. 🖉 **Dibuja y colorea.**

DIBUJOS LOCOS

a. Una gallina verde	b. Un cerdo rojo	c. Una gata amarilla

Actividad complementaria 10

Unidad 3

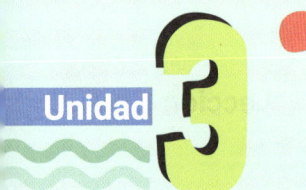

En clase

1. Observa, lee y escribe el número.

1.
2. 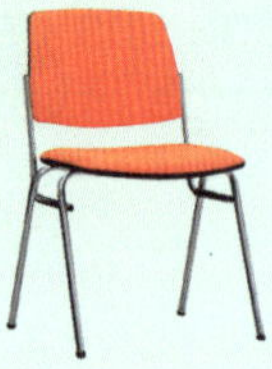
3. 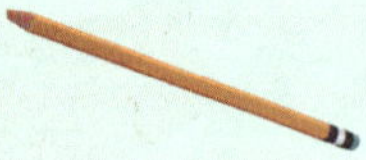
4. 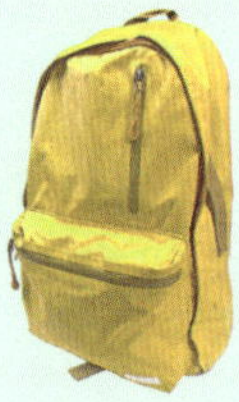
5. 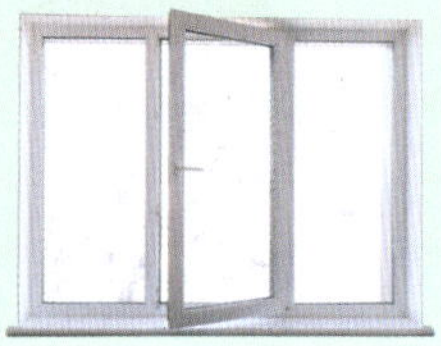
6. 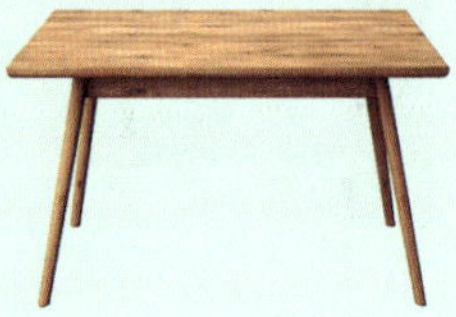
7. 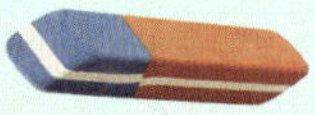
8. 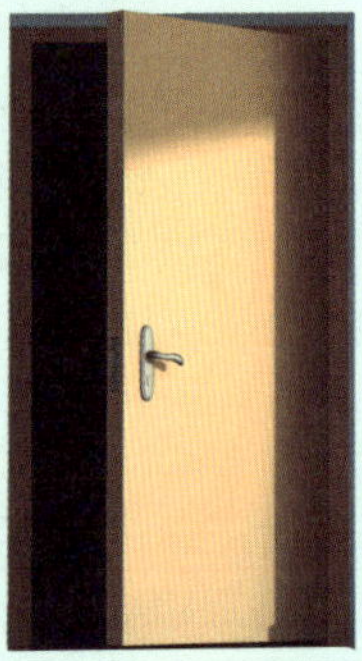

☐ una ventana

☐ una mesa

☐ un lápiz

☐ una mochila

☐ una puerta

☐ una silla

☐ una goma

☐ una pizarra

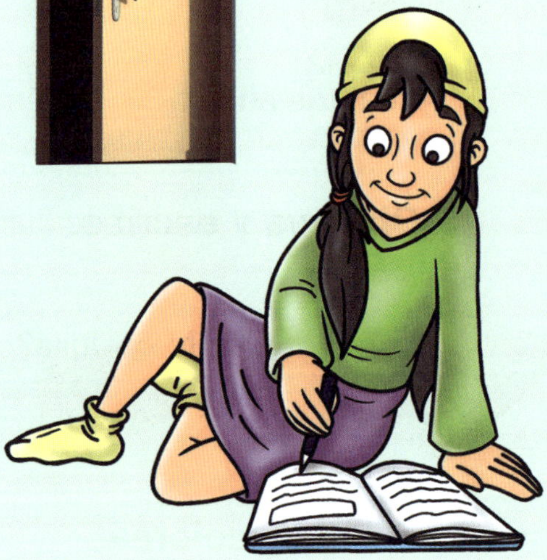

2. Lee y dibuja.

una mochila azul

una goma verde

un lápiz amarillo

una ventana roja

El material escolar

3. Observa y completa.

un ● una

    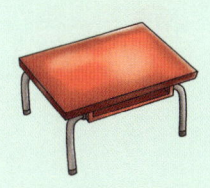

a. .... cuaderno   b. .... regla   c. .... estuche   d. .... profesor   e. .... mesa

unos ● unas

 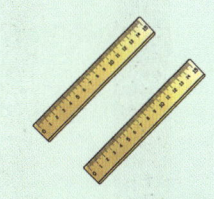 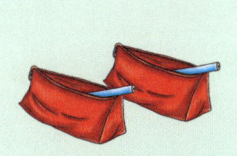  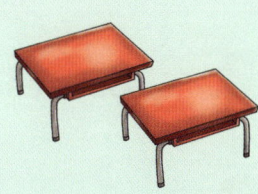

f. ...... cuadernos   g. .... reglas   h. .... estuches   i. ..... profesores   j. .... mesas

4. Observa y escribe.

 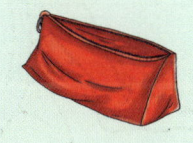 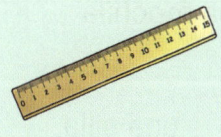  

a. .... un libro ....   b. ....   c. ....   d. ....   e. ....

5. Escucha y relaciona.

¿QUÉ HAY EN LA MOCHILA?

Ana

Chema

Rubén

Elena

Julia

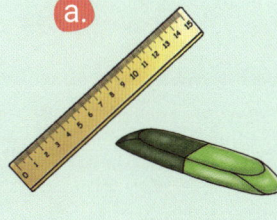
a.

b.

c.

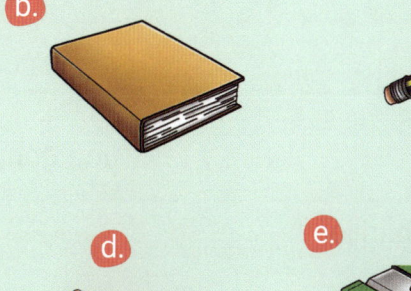
d.

e.

Actividad complementaria 11

Más colores

1. ✏️ **Lee y colorea las palabras.**

MALVA

ROSA

MORADO

NARANJA

GRIS

2. ✏️ **Colorea y completa.**

a.

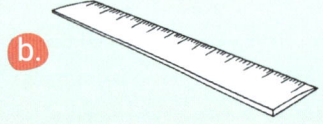

b.

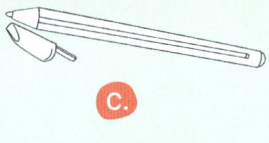

c.

d.

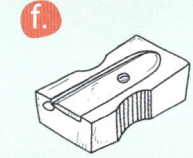

f.

e.

a. Mi .... es ....

b. Mi .... es ....

c. Mi .... es ....

d. Mi .... es ....

e. Mi .... es ....

f. Mi .... es ....

3. ✏️ **Escribe qué es esto.**

a. ...una goma naranja...

b. ....

c. ....

d. ....

Más números

4. ✏️ **Dictado de números.**

a.

b.

5. ✏️ **Pregunta y responde.**

¿Cuántos? ● ¿Cuántas?

a. ¿..?

b. ¿..?

....

6. 🎲 **El bingoclase.**

¿Dónde está?

1. Escribe frases con un elemento de cada columna.

¿Dónde	estuches hay?
¿Cuántas	está mi libro?
¿Cuántos	es tu mochila?
¿De qué color	pinturas hay?

a. ....

b. ....

c. ....

d. ....

2. Lee las preguntas y contesta.

  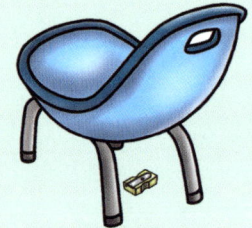 

a. ¿Dónde está
   el libro?

b. ¿Dónde está
   el bolígrafo?

c. ¿Dónde está
   el sacapuntas?

d. ¿Dónde está
   la pintura?

....

....

3. Dibuja este material escolar en la mesa y en la silla.

¡Está aquí!

 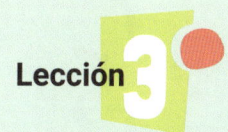

4. 🖊 **Pregunta a tu compañero/a. Escribe y dibuja sus objetos.**

¿Dónde está tu mochila? ¿Dónde está tu lápiz?

a. Su mochila está ....

b. Su lápiz ....

c. ....

d. ....

e. ....

5. 🖊 **Observa y completa.**

Yo estoy • Tú estás • Él está • Ella está

.... encima de la mesa.

.... dentro del estuche.

.... al lado de la goma.

.... debajo de la silla.

¿Jugamos?

1. 🎲 **Juega con tus compañeros/as: elige tu color, tira el dado y mueve tu ficha.**

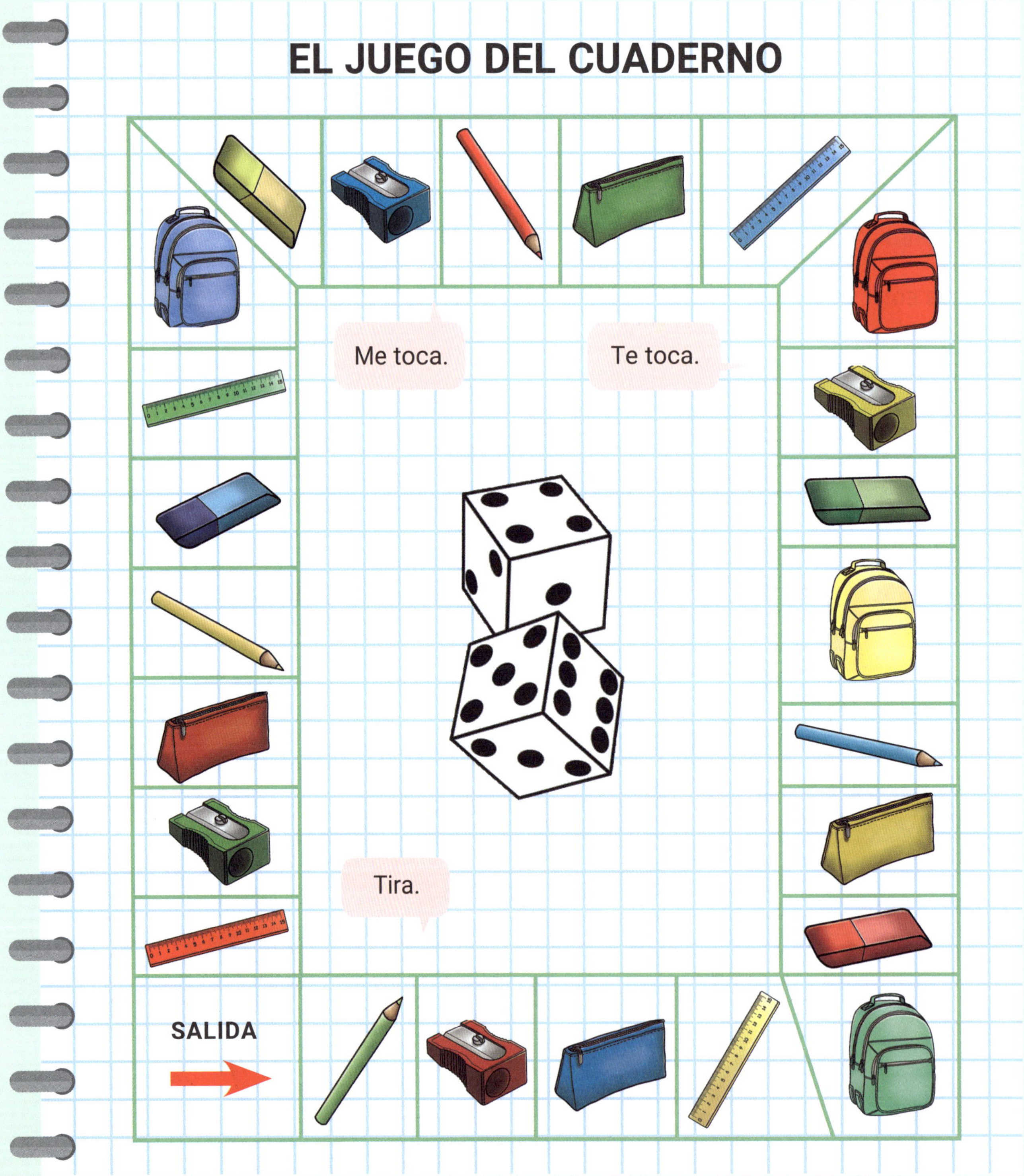

EL JUEGO DEL CUADERNO

Me toca.

Te toca.

Tira.

SALIDA →

–Escribe el objeto donde cae tu ficha solo si es de tu color.

–Ganador: quien antes escribe las cinco cosas de su color.

El niño robot

2. Completa la canción.

abuela ● adiós ● gris ● niño ● escuela

El .... robot

dice «...........................» a su ....

y se va caminando

contento a la ....

Lleva en el pecho

de color .... metal

un corazoncito

que hace chap, chap, chap.

3. Observa y escribe qué hay dentro de la mochila del niño robot.

a. un cuaderno naranja ....

b. ....

c. ....

d. ....

e. ....

f. ....

g. ....

YO ESCRIBO EN ESPAÑOL

1. 🖍 **Lee, escribe tu texto e ilústralo o pega una foto.**

Mi colegio se llama Margarita Salas.
Mi profesora de español se llama Valeria. En mi clase hay una pizarra digital, dos ordenadores y tabletas para todos. También hay una estantería con muchos libros. En mi clase hay nueve niños y diecisiete niñas. Tengo muchos amigos.
Tengo una mochila azul y un estuche verde.

AHORA TÚ

....

....

....

....

....

PAÍSES QUE HABLAN ESPAÑOL

MÉXICO

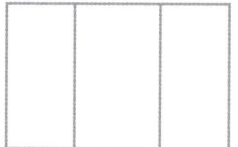

1. Completa y colorea la bandera.

México ● blanca ● Ciudad de México ● América del Norte ● roja

México .... está en ....

La capital de .... es ....

La bandera de México es verde, ... y

....

2. 🎧 9 Escucha música de México.

3. Escribe el nombre de las imágenes.

El guacamole ● Los tacos ● Frida Kahlo ● La fiesta del Día de Muertos
El sombrero mexicano ● Los mariachis

1. Observa y contesta.

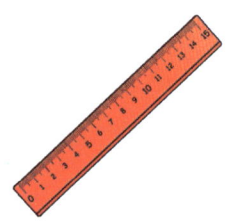

a. ¿Qué es esto?

....

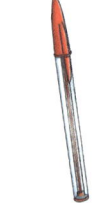

b. ¿Esto es un lápiz?

....

c. ¿Dónde está el libro?

....

d. ¿Dónde está el cuaderno?

....

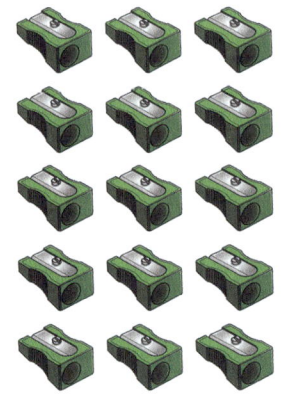

e. ¿Cuántos sacapuntas hay?

....

f. ¿Esto es una papelera?

....

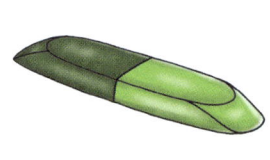

g. ¿De qué color es la goma?

....

h. ¿Hay un lápiz?

....

i. ¿Dónde está Cito?

....

2. 🎧 **10 Escucha y escribe verdadero (V) o falso (F).**

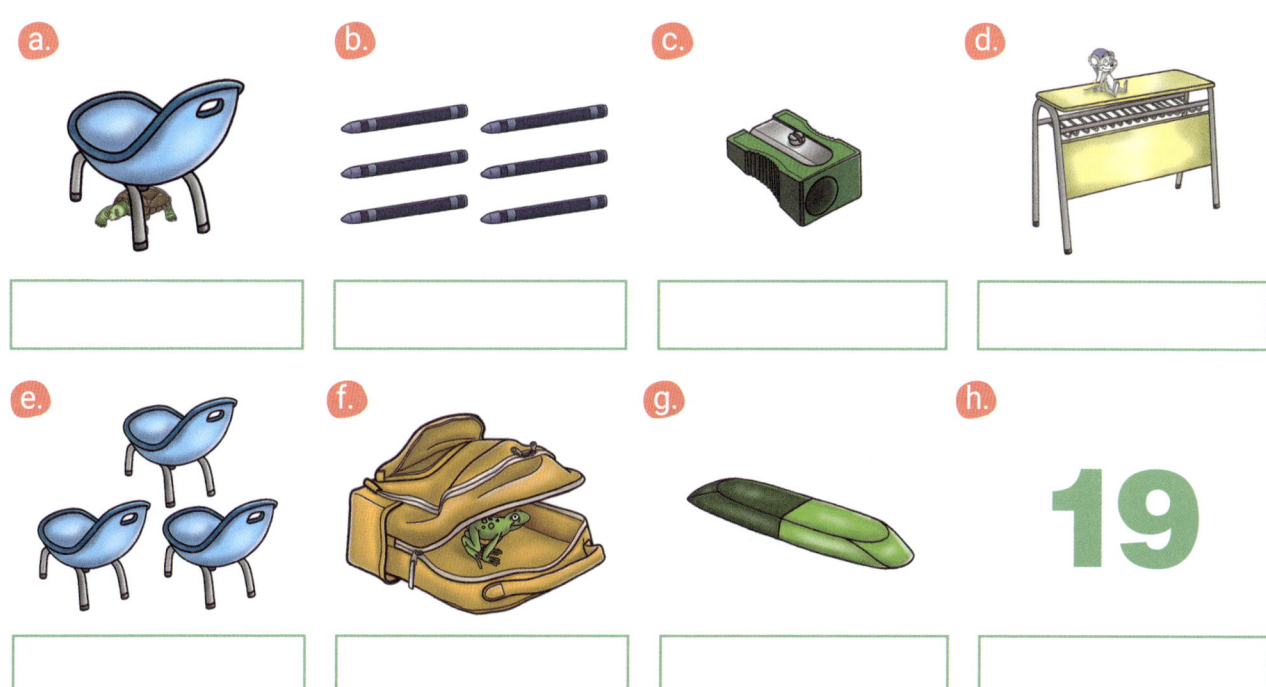

a.

b.

c.

d.

e.

f.

g.

h.

19

3. ✏️ **Suma y escribe el resultado.**

a. diez + seis = ...

b. diez + siete = ...

c. diez + ocho = ...

d. doce + ocho = ...

e. cinco + catorce = ...

f. once + cuatro = ...

4. ✏️ **Lee y escribe el plural.**

a. La pintura verde. ....

b. El rotulador azul. ....

c. La silla amarilla. ....

d. El ordenador rojo. ....

Mi habitación

1. ✏️ **Observa y escribe el nombre.**

a. el balón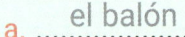

b. ....

c. ....

d. ....

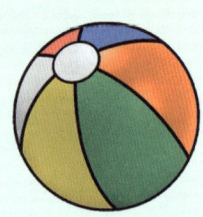

e. ....

f. ....

g. ....

h. ....

i. ....

j. ....

k. ....

l. ....

2. 🎧 **11** **Escucha, dibuja y colorea.**

a.

b.

c.

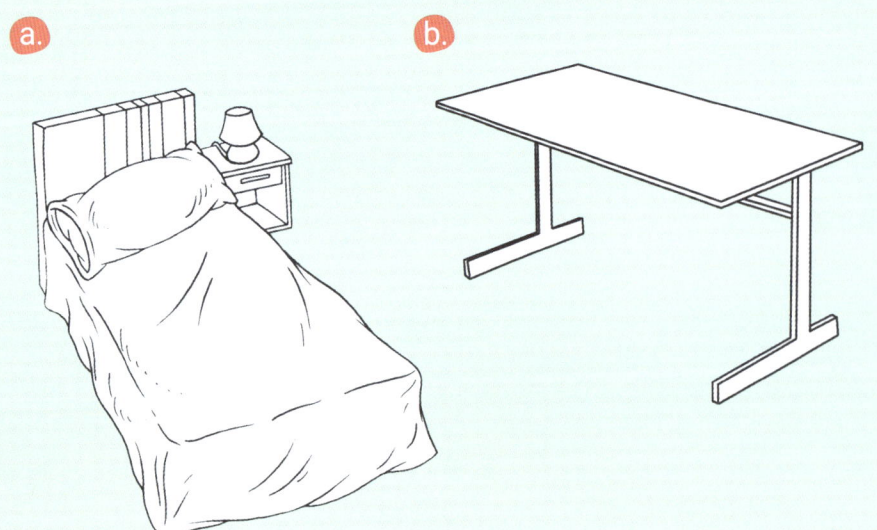

Mis juguetes

3. 🔍 **Identifica y marca con una X.**

	a.	b.	c.	d.	e.	f.
Un robot						
Una raqueta						
Una cometa						
Un juego de mesa						
Un tren						
Unos patines						

4. ✏️ **Mira la página 40 de tu libro de clase y contesta.**

a. ¿Dónde están los patines? ....

b. ¿Dónde están los peluches? ....

c. ¿Dónde está el tren? ....

d. ¿Dónde está la muñeca? ....

e. ¿Dónde está el avión? ....

Aprendo ✔

| grande | pequeño |
| | pequeña |

5. 🔍 **Observa y completa con *grande* o *pequeño*.**

a. el oso grande

b. ....

c. ....

d. ....

e. ....

f. ....

g. ....

h. ....

¿Qué día es hoy?

1. Escribe estos números con letra.

a. 20 ....

b. 29 ....

c. 23 ....

d. 27 ....

e. 24 ....

f. 30 ....

g. 36 ....

h. 33 ....

i. 38 ....

j. 35 ....

2. Escribe los meses del año.

a. Enero ....

b. F ....

c. M ....

d. A ....

e. M ....

f. J ....

g. J ....

h. A ....

i. S ....

j. O ....

k. N ....

l. D ....

3. Recuerda los días de la semana y escríbelos.

a. Lunes ....

b. Ma ....

c. M ....

d. J ....

e. V ....

f. S ....

g. D ....

4. Contesta a las preguntas.

a. ¿Cuántos días tiene una semana?

....

b. ¿Cuántos meses tiene un año?

....

c. ¿Cuántos días tiene un mes, en general?

....

d. ¿Qué día es hoy?

....

¿Cuándo es tu cumpleaños?

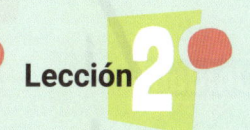

5. 🎧 12 **Escucha y une con flechas.**

1.

2.

3.

a. El 26 de enero
b. El 27 de noviembre
c. El 17 de mayo
d. El 17 de abril
e. El 30 de septiembre
f. El 29 de diciembre
g. El 18 de marzo

4.

5.

6.

7.

6. 👪 **Pregunta a tus compañeros/as y completa.**

¿Cuándo es tu cumpleaños?   ¿Cuántos años cumples?

Nombre	Fecha de cumpleaños	Cuántos años cumple

7. ✏ **Contesta a las preguntas.**

a. ¿Cuándo es tu cumpleaños?

....

c. ¿Cómo se llama tu madre?

....

e. ¿Cómo se llama tu padre?

....

b. ¿Cuántos años cumples?

....

d. ¿Cuándo es su cumpleaños?

....

f. ¿Cuándo es su cumpleaños?

....

Unidad 4

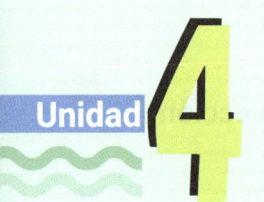

En mi tiempo libre

1. 13 Escucha y une con flechas de colores.

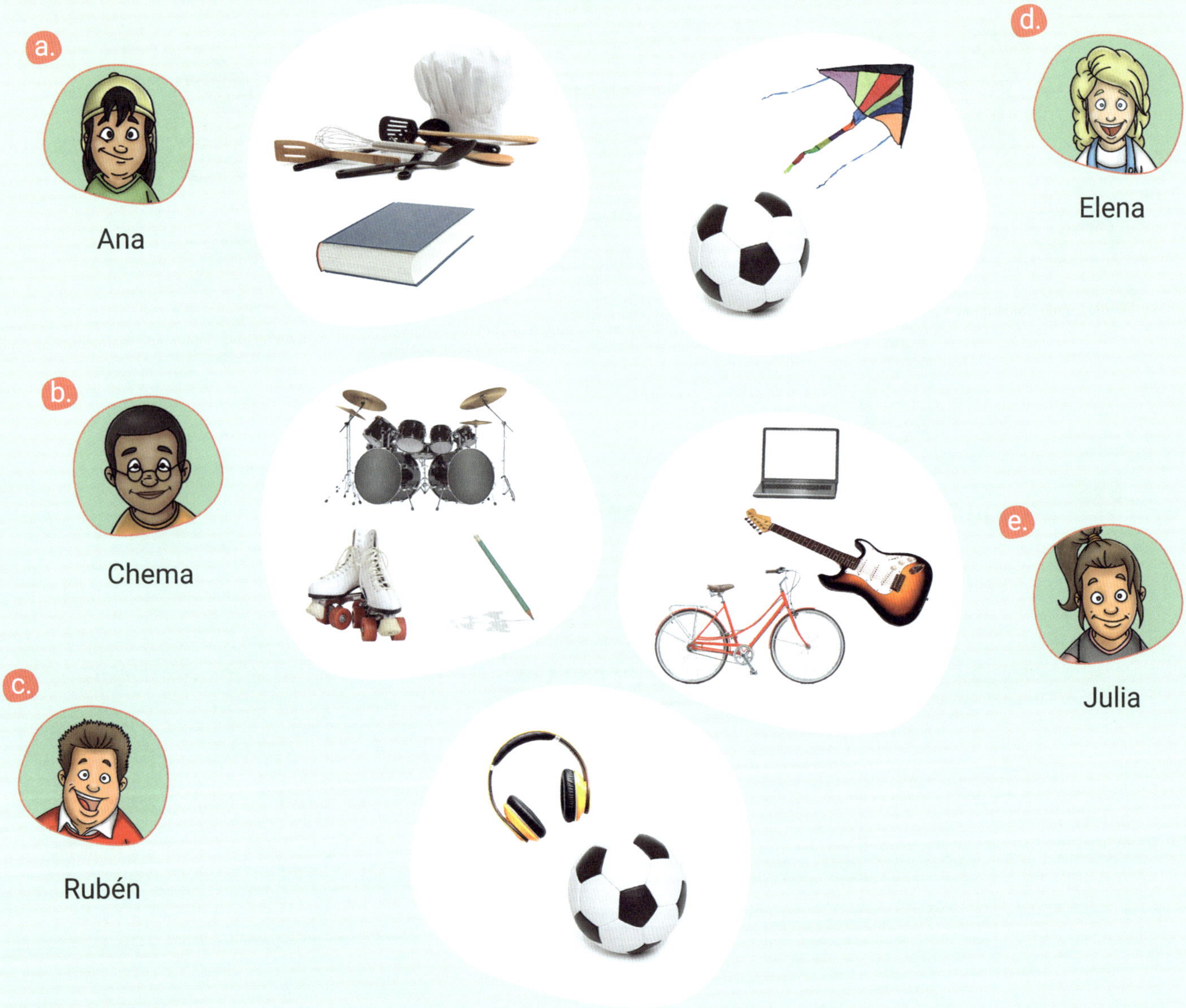
a.
Ana
d.
Elena
b.
Chema
e.
Julia
c.
Rubén

2. Ahora, escribe qué les gusta.

a. A Ana le gusta patinar, dibujar y tocar la batería.

b. A Chema le...

c. ....

d. ....

e. ....

Me gusta patinar

3. ✏️ **Escribe qué te gusta hacer en tu tiempo libre.**

	Me gusta 	No me gusta 
Leer		
Bailar		
Jugar al fútbol		
Ver la tele		
Montar en bici		
Dibujar		
Ir al cine		

a. Me gusta ....

b. ....

c. ....

d. ....

e. No me gusta ....

f. ....

4. ✏️ **Pregunta a tu compañero/a y completa la tabla.**

	Le gusta	No le gusta
Leer		
Bailar		
Jugar al fútbol		
Ver la tele		
Montar en bici		
Dibujar		
Ir al cine		

¿Te gusta leer?

a. A .... le gusta ....
....

b. A .... no le gusta ....
....

¿Sabes silbar?

1. 🖊 **Observa y contesta.**

a. ¿Sabes nadar? ....

b. ¿Sabes patinar? ....

c. ¿Sabes montar en bici? ....

d. ¿Sabes cocinar? ....

e. ¿Sabes hacer la cama? ....

f. ¿Sabes tocar la guitarra? ....

g. ¿Sabes silbar? ....

2. 🖊 **Escribe frases con un elemento de cada columna.**

Yo	sabe silbar.
Tú	no sé tocar el saxofón.
Él	sabe tocar el piano.
Ella	sabes patinar muy bien.

a. ....

b. ....

c. ....

d. ....

Yo sé tocar muy bien

Lección 4

3. Escribe el nombre de estos instrumentos.

a. ....

b. ....

c. ....

d. ....

e. ....

f. ....

g. ....

h. ....

guitarra	
piano	
flauta	
trompeta	
violín	
tambor	
saxofón	
clarinete	

4. 🎧 14 Escucha y une con flechas.

a. Daniel

b. Irene

c. Sara

d. Pedro

1. ✏️ **Lee, escribe tu texto e ilústralo o pega una foto.**

Mi habitación es pequeña, pero muy bonita. En mi habitación hay una cama, una mesa para hacer los deberes, un armario y una estantería con libros. En la cama tengo un oso de peluche. También hay otros juguetes: una cometa, unos patines y un balón, porque en mi tiempo libre me gusta patinar y jugar al fútbol.

AHORA TÚ

CUBA

1. ✏️ **Completa y colorea la bandera.**

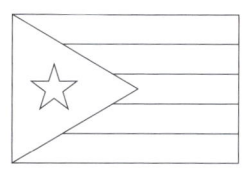

La Habana ● rojo ● Cuba ● blanca ● Caribe ● azules

Cuba .... está en el mar ....

La capital de .... es ....

La bandera de Cuba es de rayas .... y

blancas. Tiene un triángulo .... con una estrella

....

2. 🎧 15 **Escucha música de Cuba.**

3. ✏️ **Escribe el nombre de las imágenes.**

Las maracas ● El coche antiguo y las casas de colores
La salsa ● La escuela ● El mango, la piña y la chirimoya ● Las playas y la palma real

1. 🖊 **Observa y escribe.**

a. un tren

b. ....

c. ....

d. ....

e. ....

f. ....

2. 🖊 **Escribe con letra el número de antes y de después.**

a. ...., dieciséis, ...

b. ...., veintiuno, ...

c. ...., treinta, ...

d. ...., treinta y cinco, ...

3. 🖊 **Ahora, escribe el mes de antes y de después.**

a. ...., febrero, ...

b. ...., diciembre, ...

c. ...., mayo, ...

d. ...., septiembre, ...

e. ...., junio, ...

f. ...., noviembre, ...

4. Une con flechas de colores.

a.

b.

c.

d.

e.

f.

Tocar la batería

Cocinar

Patinar

Montar en bici

Dibujar

Nadar

5. Marca ✔ (*Sé...*) o ✗ (*No sé...*). Después, escribe.

Sé... ● No sé...

	Dibujar	Tocar la batería	Cocinar	Nadar
✔/✗				

a. ....

b. ....

c. ....

d. ....

6. Observa y contesta.

a. ¿Qué es esto?

....

b. ¿De qué color es?

....

c. ¿Te gusta montar en bici?

....

Actividad complementaria 20

El cuerpo

1. 🖊 **Escribe el nombre de las partes del cuerpo.**

el pelo ● los ojos ● la oreja ● el cuello ● la mano
el pie ● la cabeza ● la nariz ● la boca ● el brazo ● la pierna

a.

b.

c.

d.

e.

f.

g.

h.

i.

j.

k.

2. 🔍 **Observa y completa las frases.**

Tengo .... cabeza....... .

Tengo .... dedo....... .

Tengo .... oreja....... .

Tengo .... brazo....... .

Tengo .... ojo....... .

Así soy yo

3. 🎧 16 **Escucha y numera.**

☐

☐

☐

☐

☐

4. ✏️ **Describe dos monstruos del ejercicio anterior.**

☐

....

....

....

....

☐

....

....

....

....

¿Cómo es ella?

1. 🎧 [17] **Escucha y numera.**

☐  ☐  ☐

2. ✏️ **Describe una cara del ejercicio anterior.**

☐ ....

....

....

3. 🔍 **Observa y escribe las diferencias.**

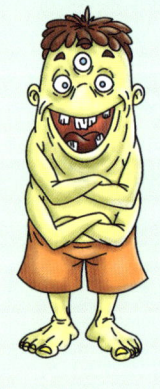 

a. pelo corto .... • pelo largo ....

b. .... • ....

c. .... • ....

d. .... • ....

e. .... • ....

f. .... • ....

¿Cómo eres tú?

ASÍ SOY YO

4. 🖊 **Contesta y dibújate.**

a. ¿Eres alto/a? ....

b. ¿Eres delgado/a? ....

c. ¿De qué color tienes los ojos? ....

d. ¿Cómo tienes el pelo? ....

5. 🖊 **Describe cómo eres.**

Yo soy ....

Tengo ....

6. 📖 **Lee y colorea.**

El chico tiene los ojos azules y el pelo rubio.
La chica tiene el pelo castaño y los ojos
marrones.

7. 🖊 **Describe a cuatro compañeros/as.**

Nombre	Pelo	Ojos
	Tiene	

Soy alegre

1. 🔍 **Observa, lee y escribe la letra.**

☐ inteligente	☐ cariñoso	☐ estudiosa
☐ vago	☐ divertida	☐ alegre

2. ✏️ **Busca las palabras anteriores en la sopa de letras y escríbelas.**

....

L	L	T	D	Y	Y	D	S	Q	R	J
C	A	R	I	Ñ	O	S	O	T	U	T
Y	T	R	V	A	G	O	Ñ	K	J	T
I	N	T	E	L	I	G	E	N	T	E
P	H	J	R	K	L	Ñ	M	N	N	G
O	E	S	T	U	D	I	O	S	A	F
I	K	J	I	H	G	F	D	A	S	D
U	Q	S	D	E	A	L	E	G	R	E
Y	T	R	A	E	S	D	C	C	V	C

....

3. ✏️ **Escribe frases con un elemento de cada columna.**

Ella	eres inteligente y trabajadora.
Yo	es cariñosa.
Tú	soy divertido.

a. ....

b. ....

c. ....

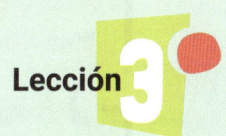

¿Jugamos?

4. ✏️ **Observa y marca verdadero (V) o falso (F).**

	V	F
a. Este monstruo es grande y gordo.	◯	◯
b. Tiene cuatro brazos.	◯	◯
c. Tiene las manos pequeñas.	◯	◯
d. Tiene las piernas largas.	◯	◯
e. No tiene orejas.	◯	◯
f. Tiene cuatro ojos grandes.	◯	◯
g. Tiene el pelo rizado.	◯	◯

5. ✏️ **Escribe frases con un elemento de cada columna y dibuja.**

Él	tengo los ojos marrones.
Tú	tiene el pelo rizado.
Yo	tienes las orejas grandes.
Ella	tiene la boca grande.

a. ....

b. ....

c. ....

d. ....

Más números

1. ✏️ **Escribe con números.**

a. Cuarenta y ocho: ....

b. Sesenta y cinco: ....

c. Cincuenta y nueve: ....

d. Ochenta y dos: ....

e. Setenta y seis: ....

f. Noventa y cinco: ....

g. Ochenta y siete: ....

h. Setenta y uno: ....

i. Cincuenta y tres: ....

j. Cuarenta y tres: ....

2. ✏️ **Escribe estos números con letra.**

a. 41: ....

b. 56: ....

c. 61: ....

d. 74: ....

e. 83: ....

f. 99: ....

g. 37: ....

h. 58: ....

i. 77: ....

j. 52: ....

3. ✏️ **Observa los relojes y une con flechas de colores.**

las cuatro en punto ● la una y media ● las nueve en punto ● las tres y media ● las siete y media

a.

b.

c.

d.

e.

¿Qué hora es?

4. Escribe la hora que marca cada reloj.

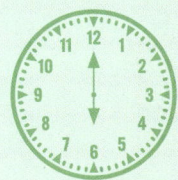

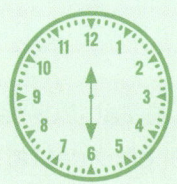

a. ....

b. ....

c. ....

d. ....

5. Dibuja las manecillas de los relojes.

a. las ocho en punto

b. las ocho y media

c. las siete en punto

d. las dos y media

e. la una en punto

6. Escribe cómo saludas.

a. Por la mañana: ....

b. Por la tarde: ....

c. Por la noche: ....

YO ESCRIBO EN ESPAÑOL

1. Lee, escribe tu texto e ilústralo o pega una foto.

¡Hola! ¡Buenas tardes! Yo soy Juan. Tengo el pelo castaño y corto, y los ojos marrones. Soy alto y un poco gordito. Soy alegre y cariñoso. Soy inteligente, pero un poco vago. Y tú, ¿cómo eres?

AHORA TÚ

....
....
....
....
....
....
....
....
....

PAÍSES QUE HABLAN ESPAÑOL

CHILE

1. *Completa y colorea la bandera.*

Santiago • Sur • Chile • blanca • roja

....Chile.... está en América del ....

La capital de .... es ....

Su bandera es azul, blanca y .... Tiene

una estrella ....

2. Escucha música de Chile.

3. *Escribe el nombre de las imágenes.*

La Laguna Verde • El desierto de Atacama • El volcán Osorno
Las empanadas • La isla de Chiloé • La Isla de Pascua

1. Completa el crucigrama.

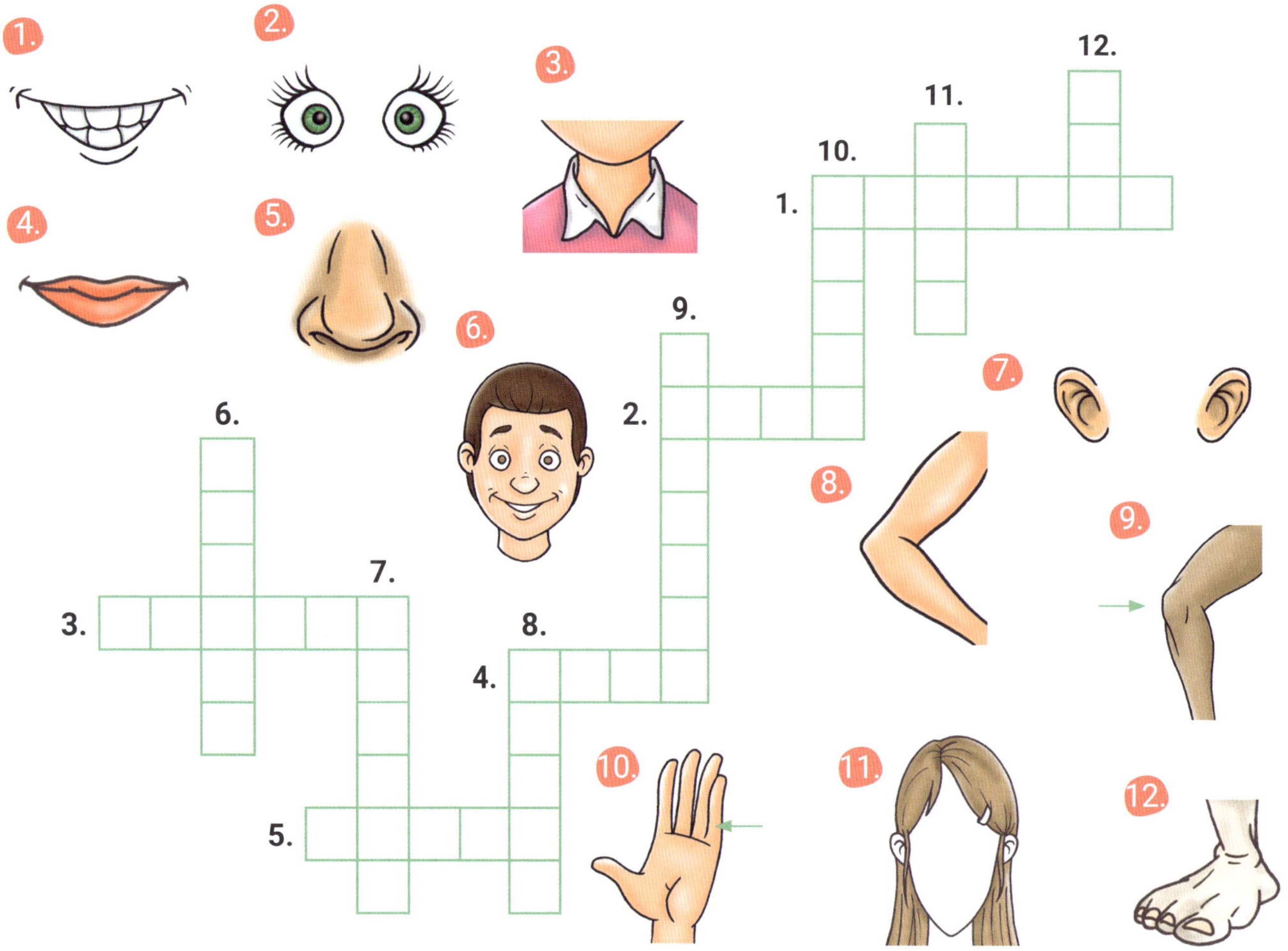

1. 2. 3. 12. 11. 10.

4. 5. 9.

6. 7.

6. 7. 8. 9.

3. 8.

4.

5. 10. 11. 12.

2. Escribe *el*, *la*, *los* o *las* en cada palabra.

.... pelo   .... orejas   .... dedos   .... rodilla

.... cabeza   .... nariz   .... brazo   .... cuello

.... ojos   .... pie   .... manos   .... boca

3. [19] Escucha, dibuja y colorea.

a.    b. 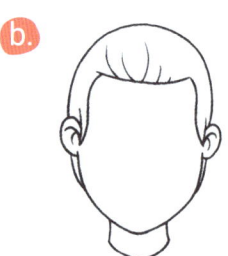   c. 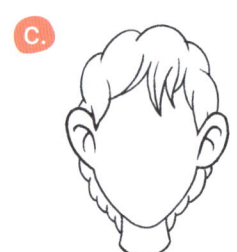   d.

4. Cuenta de cinco en cinco y escribe estos números con letra.

40 → 45 →

cuarenta   cuarenta y cinco

....

→ 60 →

....

70 → →

....

85 → → 95

....

5. Observa cada reloj y une con flechas de colores.

a.

b.

c.

d.

¿QUÉ HORA ES?

● Son las doce en punto.

● Es la una y media.

● Son las nueve y media.

● Son las ocho en punto.

La camisa blanca

1. Busca esta ropa en la sopa de letras y escribe.

J	E	R	Y	I	C	P	Ñ	L	G
E	C	H	K	F	A	L	D	A	O
R	A	H	J	K	L	K	K	L	R
S	M	D	G	J	C	D	S	W	R
E	I	M	C	J	E	L	Ñ	G	A
Y	S	P	A	N	T	A	L	O	N
H	E	B	M	J	I	X	W	R	D
G	T	V	I	N	N	Z	G	R	E
F	A	C	S	B	E	C	B	O	F
D	S	X	A	C	S	M	N	B	V

....

....

....

2. Ahora, completa con *un* o *una*.

a. .... jersey   c. .... pantalón   e. .... camisa   g. .... gorro

b. .... falda   d. .... camiseta   f. .... calcetín   h. .... gorra

3. Colorea la ropa y completa con *un*, *una* o *unos* y el color.

rojo-roja ● negro-negra ● amarillo-amarilla ● morado-morada ● blanco-blanca
marrón ● gris ● azul ● verde ● malva ● naranja ● rosa

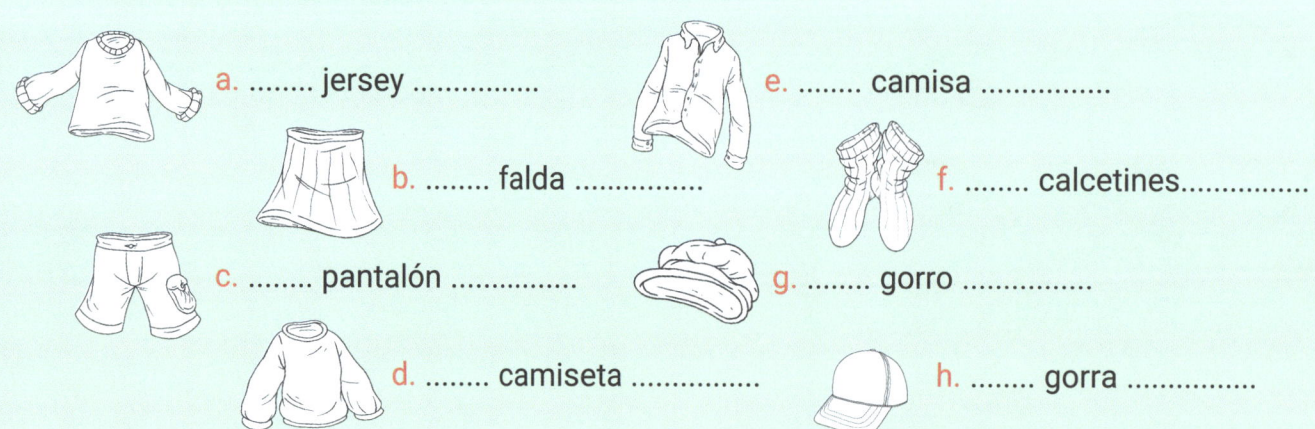

a. .... jersey ....   e. .... camisa ....

b. .... falda ....   f. .... calcetines...............

c. .... pantalón ....   g. .... gorro ....

d. .... camiseta ....   h. .... gorra ....

Mi ropa

4. 🖍 **Une con flechas de colores.**

1.
2.
3.
4.
5.

a. un vestido
b. un abrigo
c. una bufanda
d. unos zapatos
e. un pijama
f. unas zapatillas
g. unas botas
h. unas deportivas
i. un vaquero
j. una chaqueta

6.
7.
8.
9.
10.

5. 🎧 **[20]** **Escucha, colorea y completa con *Es* o *Son*.**

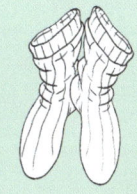

a. Es una falda verde.

b. ....

c. ....

d. ....

e. ....

f. ....

¿Qué llevas?

1. 🎧 21 **Escucha, escribe y colorea.**

a. El chico ....
....
....

b. La chica ....
....
....

2. ✏️ **Une, escribe las frases y dibuja.**

a. Yo	llevas unas	gafas	rojo.
b. Tú	lleva una	vestido	roja.
c. Él	llevo unos	camiseta	rojos.
d. Ella	lleva un	guantes	rojas.

a. Yo ....

b. ....

c. ....

d. ....

a. b. c. d.

Hace frío

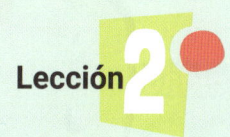

3. Lee y completa.

me pongo ● te pones ● se pone

Hoy hace frío.
Por eso ....
los calcetines gordos.

Yo .... el abrigo y el gorro.
Pablo .... la bufanda.

Y tú ....
el jersey.

4. Lee las preguntas y contesta.

a. ¿Qué te pones cuando hace frío?

Cuando hace frío,
....
....
....
....

b. ¿Qué te pones cuando hace calor?

....
....
....
....

5. Une y escribe las frases.

a. Yo	te pones una	gorro	blanca.
b. Tú	se pone unos	bufanda	amarillos.
c. Él	me pongo un	calcetines	azul.

a. ....

b. ....

c. ....

Actividad complementaria 27

sesenta y siete **67**

Una camiseta de rayas

1. ✏️ **Une con flechas de colores.**

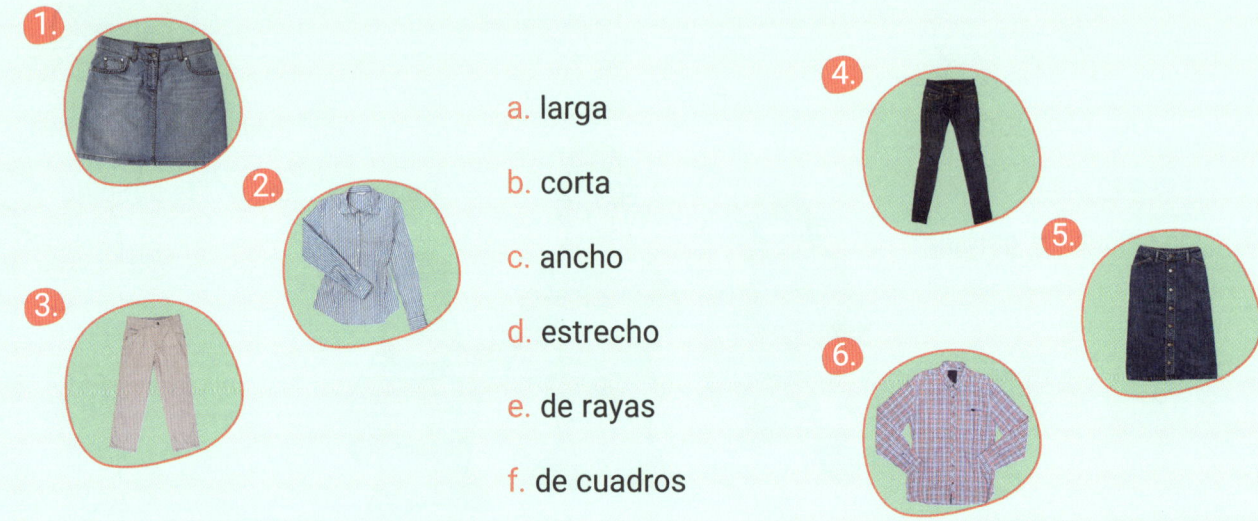

a. larga

b. corta

c. ancho

d. estrecho

e. de rayas

f. de cuadros

2. ✏️ **Escribe qué dicen.**

Estas zapatillas son pequeñas. • Este jersey es muy ancho.
Llevo un pijama de rayas. • ¿Te gusta la camisa de cuadros?

....
....

a.   b.   c.   d.

....
....

La gatita Carlota

 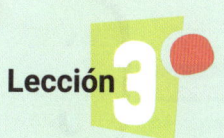

3. 🎧|22| **Escucha, numera y colorea.**

4. ✏ **Completa el crucigrama.**

a. ....

b. ....

c. ....

d. ....

e. ....

f. ....

¿De quién es?

1. Lee y completa.

| mío • tuyo • suyo |

¿De quién es este gorro?

 a. Este es mi gorro.

Es ....

 b. Este es tu gorro.

Es ....

 c. Este es su gorro.

Es ....

| míos • tuyos • suyos |

¿De quién son estos calcetines?

 d. Estos son mis calcetines.

Son ....

e. Estos son tus calcetines.

Son ....

 f. Estos son sus calcetines.

Son ....

2. Observa, lee y completa.

mío • míos • tuyo • tuya • tus • su • suyo

Este pantalón es de mamá.

Es .... pantalón.

Estos zapatos son ....

Sí, son .... zapatos. Y esta falda también es ....

Sí, es ....

¿Este jersey es ....?

No, no es .... El jersey es de Rubén.

Es mía

3. ✏️ **Observa, lee y completa.**

Este ● Esta ● Estos ● Estas ● mi ● tu ● su ● mis ● tus ● sus

.......Estos..... son .....sus...... zapatos.
Son suyos.

.... es .... vestido.
Es mío.

.... es .... camiseta.
Es tuya.

.... son .... botas.
Son mías.

.... es .... abrigo.
Es suyo.

.... son .... guantes.
Son tuyos.

.... son .... deportivas.
Son mías.

.... es .... falda.
Es mía.

.... es .... gorro.
Es tuyo.

.... es .... chaqueta.
Es suya.

.... son .... calcetines.
Son tuyos.

.... son .... gafas.
Son suyas.

 # YO ESCRIBO EN ESPAÑOL

1. Lee, escribe tu texto e ilústralo o pega una foto.

Mi ropa favorita son las camisas con pantalones vaqueros. Me gustan mucho las camisas anchas. Hoy llevo una camiseta blanca con una camisa ancha de cuadros y un pantalón vaquero corto. Hace calor. En invierno me gustan mucho los gorros de colores.

 AHORA TÚ

PAÍSES QUE HABLAN ESPAÑOL

BOLIVIA

1. ✏️ **Completa y colorea la bandera.**

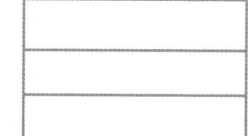

Bolivia ● Sucre ● La Paz ● verde ● América

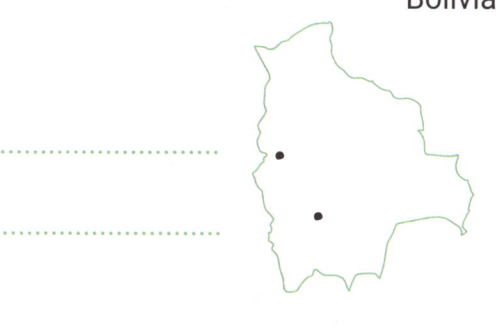

....

....

Bolivia está en .... del Sur.

Tiene dos capitales: .... y

....

Su bandera es roja, amarilla y ....

2. 🎧 |23| **Escucha música de Bolivia.**

3. ✏️ **Escribe el nombre de las imágenes.**

El chullo ● El silpancho ● Las llamas
El lago Titicaca ● El Salar de Uyuni ● La Laguna Colorada

REPASO

1. **Pregunta a tus compañeros/as y completa la tabla.**

¿De qué color es tu jersey?   ¿De qué color son tus zapatos?

NOMBRES	1. Yo:	2. Mi amigo/a:	3. Mi amigo/a: ....
Pantalón			
Falda			
Vestido			
Camisa			
Camiseta			
Jersey			
Chaqueta			
Calcetines			
Zapatos			
Deportivas			

2. **Completa con la información del ejercicio 1.**

1. Yo llevo ....

....

2. .... lleva ....

....

3. ....

....

3. Colorea y escribe.

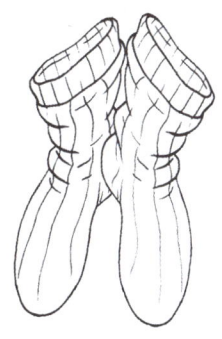   

a. Los ....

son ....

b. El ....

....

c. ....

....

d. ....

....

4. Lee y colorea.

Estos son mis padres. Mi madre es morena.

Lleva un vestido rojo. Mi padre es castaño.

Lleva una camisa azul y un jersey verde.

5. 24 Escucha y numera.

El mundo digital de *La pandilla*

Materiales disponibles para cada unidad

Actividades complementarias imprimibles para cada lección

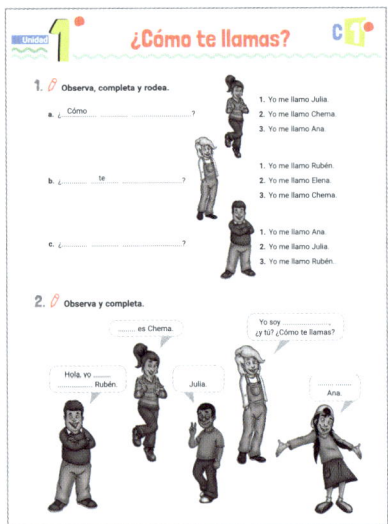

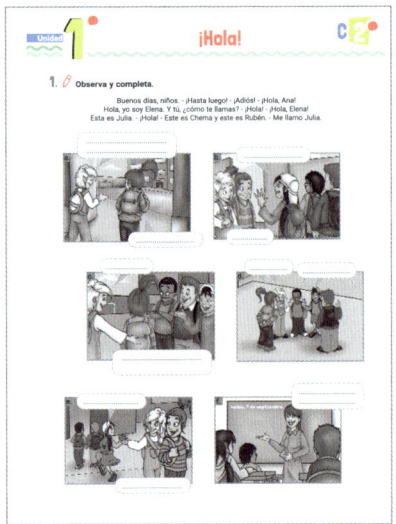

Numerosas actividades digitales de diversa tipología

Audios descargables: diálogos y canciones

Tarjetas y cartas de vocabulario

Diplomas, insignias y juegos

Marionetas de dedos de los personajes del cómic

Otros materiales para el profesor en la web

Guía didáctica general
Banco de ideas
Hoja de observación individual y evaluación

Para cada unidad
- Evaluación
- Orientaciones didácticas
- Plan de trabajo

Pistas

UNIDAD 1 ¡Hola, amigos!

Pista 1   Deletreo
Pista 2   Los números
Pista 3   Repaso: ¿cuántos años tienes?

UNIDAD 2 Mi familia y mi mascota

Pista 4   Mis animales
Pista 5   Música de España
Pista 6   Repaso: las mascotas
Pista 7   Repaso: la familia

UNIDAD 3 Mi colegio

Pista 8   ¿Qué hay en mi mochila?
Pista 9   Música de México
Pista 10 Repaso: el material de clase

UNIDAD 4 Mis juguetes

Pista 11 ¿Dónde están los juguetes?
Pista 12 ¿Cuándo es tu cumpleaños?
Pista 13 ¿Qué haces en tu tiempo libre?
Pista 14 Yo sé tocar
Pista 15 Música de Cuba

UNIDAD 5 El cuerpo

Pista 16 ¿Cómo eres?
Pista 17 ¿Cómo es?
Pista 18 Música de Chile
Pista 19 Repaso: la descripción física

UNIDAD 6 Mi ropa

Pista 20 ¿Cómo es la ropa?
Pista 21 ¿Qué lleva?
Pista 22 ¿Qué lleva la gatita?
Pista 23 Música de Bolivia
Pista 24 Repaso: la ropa

¡Hasta el curso que viene!

1.ª edición: 2024

© Edelsa, S. A. Madrid, 2024
Directora del proyecto y coordinadora del equipo de autores: María Luisa Hortelano
© Autoras: María Luisa Hortelano y Elena González Hortelano

Equipo editorial:
Coordinación: Mila Bodas
Edición: María Sodore y Alicia Iglesia
Corrección: Carlos Miranda de las Heras
Edición digital: Eva Gómez

Diseño de cubierta: Carolina García
Diseño y maquetación de interior: Carolina García
Ilustrador: Alberto Lozano

ISBN: 978-84-9081-865-7
Depósito legal: M-16509-2024
ISBN *pack* (alumno + ejercicios): 978-84-9081-867-1

Impreso en España/*Printed in Spain*

Fotografías e ilustraciones incluidas en maqueta:
123RF y colaboradores

Audio:
Locuciones y Montaje Sonoro TALKBACK, 2004
Pistas: 1, 3, 4, 5, 6, 7, 9, 10, 12, 13, 14, 15, 16, 17, 18, 19, 20, 21, 22, 23, 24

Locuciones y montaje sonoro: Bendito Sonido, 2024
Voces de la locución: Elena G. Hortelano: pistas 8, 11
Pablo Iba: pistas 2, 11 y actividades digitales

Música de diferentes países. Pistas 5, 9, 15, 18, 23 de *Colega vuelve 1, 2* y *3*

PAPEL DE FIBRA
CERTIFICADO